Bebé y niño

Guía útil

Bebé y niño

Guía útil

Dra. Carol Cooper

Grijalbo

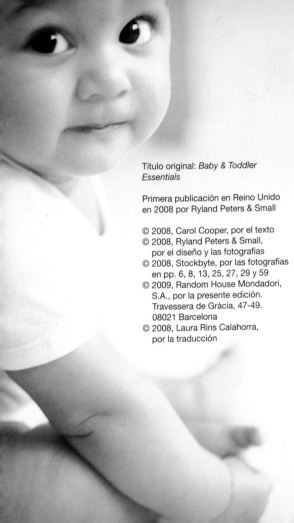

Título original: *Baby & Toddler
Essentials*

Primera publicación en Reino Unido
en 2008 por Ryland Peters & Small

DISEÑO Liz Sephton
EDICIÓN Henrietta Heald
BÚSQUEDA ICONOGRÁFICA Emily Westlake
PRODUCCIÓN Gemma Moules
DIRECCIÓN EDITORIAL Alison Starling

**Ni la autora ni la editorial aceptan
responsabilidad alguna por los
posibles daños que puedan originarse
por el uso o uso incorrecto de las
sugerencias de este libro. La
información recogida en el libro es
correcta y está actualizada, en la
medida en que ha sido posible,
aunque debe entenderse únicamente
como consejo. Consulte con su
médico cualquier tema de salud
relacionado con usted o su hijo.**

Fotocomposición: puntgroc, s.l.

ISBN: 978-84-253-4290-5

Impreso y encuadernado en China

GR 42905

sumario

introducción

Tener un bebé es una de las cosas más normales del mundo, y la más natural, aunque, tal como todos los padres descubren, también es la más especial. A veces puede incluso suponer un gran desafío. Tal vez hayas llegado a ocupar un cargo directivo en alguna empresa, pero ahora tu bebé se las ha arreglado para ser quien ocupa la posición más alta en la jerarquía.

Este pequeño libro no contiene todo lo que te hace falta saber sobre la vida con tu nuevo jefe. Si fuera así, necesitarías un microscopio para descifrar el texto. Sin embargo, contiene la información esencial sobre los primeros tres años de vida, extraída de mi experiencia como madre y médico de cabecera y de los conocimientos de otros padres.

Es un libro corto porque a los padres recientes siempre les falta tiempo, y los párrafos son breves porque, si te ocurre como a mí, el hecho de tener un bebé produce síntomas parecidos al trastorno de déficit de atención.

Una última cuestión. He observado que existen, principalmente, dos tipos de bebés (¿ves qué útil resulta haber estudiado medicina?). Casi todo lo que leas sobre los niños es igualmente válido para las niñas, y viceversa.

Tanto si tu bebé es un niño como si es una niña, disfrútalo.

CAROL COOPER

desde el nacimiento hasta los seis meses

Esta es una etapa llena de descubrimientos, pues tu bebé se formará las primeras impresiones del mundo que lo rodea. También para ti es una etapa de descubrimiento, pues tu bebé y tú aprenderéis a conoceros mutuamente.

desarrollo físico

medidas

Al nacer, tu bebé pesa aproximadamente 3,5 kg. A los seis meses, pesa 7,3 kg, mide 65 cm y tiene un perímetro craneal de 43 cm. Pero los bebés nacen con distintas formas y tamaños, así que estas cifras son puramente orientativas.

rostro

La cabeza es muy grande comparada con el resto del cuerpo. Sus rasgos cambian con rapidez, sobre todo hacia los seis meses, cuando, con la aparición del primer diente, secretará mucha saliva y quizá se muestre irritable.

coordinación visomanual

Hacia los tres meses, utiliza las manos como el pequeño ser humano que es. Juega con los dedos y trata de alcanzar las cosas, pero con frecuencia yerra. Hacia los cinco meses, es capaz de sostener un juguete durante algunos minutos. Alrededor de los seis meses, extiende los brazos y agarra las cosas con mayor precisión.

control de la cabeza y del cuerpo

El cuerpo de los recién nacidos carece de firmeza, pero hacia los cuatro meses tu bebé ya sostiene bien la cabeza. Los músculos de la espalda se desarrollan y hacia los cinco meses puede pasar de estar tumbado boca arriba a colocarse de lado, y si está de lado puede tumbarse boca arriba. Pronto podrá sostenerse sobre los codos cuando esté boca abajo. Alrededor de los seis meses, es probable que consiga mantenerse sentado sin apoyarse, aunque se tambaleará mucho.

desarrollo social y emocional

tu bebé y tú

Tú eres el ser más importante de la vida de tu bebé. Al nacer, ya reconoce tu voz e incluso distingue tu olor particular.

conrisas

La primera sonrisa auténtica de tu bebé, a las seis semanas aproximadamente, constituye un momento mágico. Pronto sonreirá a casi todo el mundo. Pero las mayores sonrisas las reserva para ti.

mimetismo

El padre y la madre son los maestros por naturaleza de un bebé. A los pocos días de haber nacido, tu hijo ya te imita. Prueba a sacarle la lengua varias veces seguidas y ¡observa qué ocurre! El mimetismo no solo es divertido, también resulta útil para enseñarle a hablar.

Primeros sonidos

Hacia los dos meses, tu bebé ya practica varios sonidos vocálicos. A los cuatro meses, balbucea y hace gorgoritos.

lenguaje corporal

Para explicarte cómo se siente, patalea cuando está contento y aparta la cabeza cuando está cansado o se aburre.

sentido del humor

A los cuatro meses, se ríe y suelta carcajadas. Hacia los cinco meses, le encanta que le hagan cosquillas e incluso se ríe cuando mueves el dedo acercándoselo cada vez más.

apego

Aunque a quien más apegado está es a ti, es capaz de sentirse vinculado a una o dos personas más. Hacia los seis meses, es posible que se muestre tímido con quienes no conoce y que se ponga triste cuando tú sales de la habitación.

muebles y accesorios

Como los bebés, los padres se diferencian
unos de otros. Tienen distintos gustos...

sillas de coche

Si viajas en automóvil, necesitarás una silla de coche
desde antes de salir del hospital con tu bebé. Las sillitas
para recién nacidos se colocan mirando hacia atrás y
suelen instalarse en el asiento del acompañante (pero
nunca si está activado el airbag).

la cuna y la ropa de cama

Cuando se trata de dormir, los aspectos prácticos son
tan importantes como la estética. Elige una cuna
regulable en altura y que te permita eliminar las
barandillas laterales, con el mecanismo que prefieras.

cochecito o sillita de paseo

La elección del medio de transporte de tu bebé es
importante y depende de tu estilo de vida. Ten en
cuenta la anchura, la maniobrabilidad, la altura del
manillar y hacia dónde deseas que mire tu bebé
(algunos modelos permiten cambiar el sentido). Las
sillitas deportivas van bien para terrenos irregulares.

la bañera

Necesitarás una portátil con patas que te permita bañar al bebé con más comodidad (trata de no transportarla cuando esté llena).

la bandolera

Cuando sales de casa, una bandolera resulta muy útil para llevar a tu bebé cerca de ti sin tener que dejarlo. Pero los bebés cada vez pesan más, por lo que no la utilizarás demasiado tiempo a menos que estés en plena forma.

EQUIPO BÁSICO

No tienes por qué tenerlo todo antes de que el bebé nazca. Muchos padres son supersticiosos (o, simplemente, no llegan a tiempo si su hija nace antes de lo previsto). En muchos casos, las cosas pueden comprarse a corto plazo o por internet.

la ropa de tu bebé

Solo necesitas algunas prendas básicas antes de la llegada del bebé.

peleles

La prenda más práctica es el pelele de punto. Los mejores son los que tienen cierres en el delantero y también en la parte interior de las perneras. Compra al menos cuatro, más bien holgados y de algodón.

bodys

El body mantiene el calor debajo del pelele. Algunos tienen cierres en la entrepierna, lo que evita que el pañal se mueva. Compra al menos cuatro del tipo que más te guste.

chaquetas

Compra entre una y cuatro, según la estación y tu estilo de vida. Evita las cintas y los lazos, que pueden ser causa de ahogo o estrangulamiento.

CONSEJOS

* No te dejes llevar por las modas porque la comodidad de tu bebé es lo principal.
* No compres muchas prendas de la talla más pequeña porque los bebés crecen muy deprisa.
* Guarda los recibos de compra y los envoltorios, pues en casi todas las tiendas cambian sin problemas las prendas.

gorros

En verano, una gorra o un sombrero evitará que al bebé le dé el sol en los ojos; en invierno, en cambio, un gorrito mantendrá su cabeza abrigada.

calcetines o patucos

Te harán falta unos cuatro pares. Los patucos son más apropiados para el invierno. Olvídate de los zapatitos mientras vaya en el coche; son preciosos pero innecesarios. Además, los bebés necesitan sentir los pies.

pijamas

Un recién nacido no necesita vestir prendas más cómodas de noche; no obstante, cuando el bebé sea un poco más mayor, ponerle un pijama le ayudará a distinguir entre la noche y el día.

pañales: cosas básicas que debes saber

Existen dos tipos principales de pañal: los desechables y los lavables. Tanto los unos como los otros resultan caros, pero al menos puedes decidir cómo quieres gastar tu dinero.

desechables: pros y contras

* Son más fáciles de utilizar que los pañales de tela porque no tienes que lavarlos ni esterilizarlos.

* No es necesario gastar mucho dinero de entrada, pero a medida que pase el tiempo te hará falta comprar más, y al final el coste puede resultar mayor que el de los lavables.

* Algunas madres opinan que los pañales desechables ofrecen mayor comodidad al bebé.

* Muchos pañales desechables no son biodegradables. Los tiras a la basura y acaban en un vertedero. No obstante, en el mercado existen algunos que sí lo son.

lavables: pros y contras

* Hacen falta tiras de velcro, cierres o imperdibles, además de absorbentes y ranitas impermeables.

* Existen absorbentes que son desechables, e incluso los hay que pueden tirarse al váter.

* Los pañales de tela dan mucho trabajo, pero también puedes llevarlos a la lavandería.

* Aparentemente, los pañales lavables son una opción ecológica, pero el detergente que se utiliza para lavarlos también contamina.

* Los pañales de tela cuestan mucho dinero al principio, pero puede que al final cada puesta resulte más barata que si se utiliza uno desechable. De todos modos, es probable que no los guardes para tu siguiente hijo, pues los repetidos lavados pueden hacer que la tela se vuelva demasiado áspera para la piel del bebé.

LA COMODIDAD
Sea cual sea el tipo de pañal que elijas, cambia a tu bebé a menudo para que esté siempre cómodo y para evitar que se le irrite el culito.

una habitación segura

Es probable que cuando el bebé sea más mayor tenga una habitación propia, pero los primeros seis meses es más seguro que por las noches duerma en una cuna con vosotros.

EVITAR LA MUERTE SÚBITA

* No fumes, aunque el bebé esté en otra habitación.
* Acuesta al bebé boca arriba.
* Los pies deben tocar el extremo de la cuna, de tal modo que no pueda taparse la cabeza con la ropa.
* No utilices nunca mantas eléctricas ni bolsas de agua caliente.
* Ponte en contacto con el médico si crees que tu bebé está enfermo.

la ropa de cama

Tu bebé necesita una sábana bajera, otra para taparlo y una o dos mantas que se puedan lavar en la lavadora.

la temperatura

La temperatura ambiente ideal es de 18 °C. No es necesario dejar la calefacción puesta por la noche si no hace mucho frío.

el cambiador

Elige uno que tenga los bordes elevados. Aun así, no dejes nunca al bebé sin vigilancia. Los niños suelen aprender a darse la vuelta justo cuando no los miras.

intercomunicadores

La mayoría son inalámbricos los más nuevos incluso llevan incorporada una función que permite grabar en vídeo.

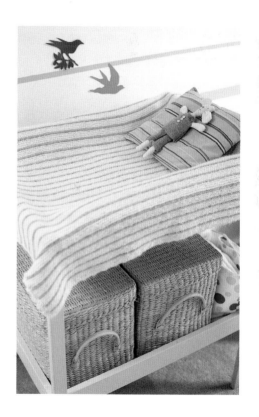

consejos para la lactancia materna

La leche materna es el alimento ideal para el recién nacido. Sin embargo, no siempre resulta fácil al principio.

* Ponte cómoda, donde puedas apoyar la espalda y los brazos. Ten siempre un vaso de agua a mano, pues amamantar da sed.

* «Agarrarse» es la expresión que describe la manera en que tu bebé cierra la boca alrededor del pezón. La clave está en que lo abarque todo, incluso la zona de color marrón que lo rodea (la areola) debe quedar oculta en su mayor parte.

* Si el bebé no se agarra bien, no lo retires bruscamente. Primero, sepárale los labios con un dedo para romper el vacío succional.

* Da de comer a tu hijo siempre que tenga hambre. La lactancia funciona a demanda, o sea que cuanto más succione más leche tendrás. En unas cuatro semanas, los horarios de sus comidas resultarán más previsibles.

* Deja que tu bebé succione tanto tiempo como quiera, a menos que te haga daño. La leche del principio contiene más agua y menos grasas mientras que la del final es más nutritiva.

NO DESESPERES

* Las mujeres con los pechos pequeños pueden producir tanta leche como las que tienen los pechos grandes.
* Aunque tu bebé tenga algún diente, es poco probable que te haga daño, a no ser que le hayan salido tanto los superiores como los inferiores.

la lactancia con biberón

Cómo alimentar a tu bebé es una decisión personal que dependerá de tu estado de salud y de tus otras obligaciones. El cometido de los profesionales es informarte y apoyarte; nunca deben hacer que te sientas culpable.

* Es preferible preparar el biberón justo antes de la toma. De todos modos, la mezcla preparada con antelación puede conservarse hasta 24 horas en el frigorífico a 5 °C.

* Hay que lavar bien los biberones y luego esterilizarlos. El modo más fácil de esterilizarlos es con vapor. Algunos esterilizadores de vapor han sido diseñados para utilizarlos en el microondas.

* Para preparar la mezcla, pon agua a 70 °C. No debe utilizarse ningún descalcificador, ya que algunos añaden sodio.

* Si pierdes la cuenta de las cucharadas que has vertido en el biberón, vacíalo y empieza de nuevo.

* Comprueba siempre la temperatura de la leche antes de ofrecérsela al bebé. No debe estar a más de 37 °C: debes notarlo caliente, sin quemarte, con la parte interior de la muñeca.

* Desecha los restos de biberón cuando haya pasado más de una hora. Las bacterias adoran la leche calentita.

LA OPCIÓN MÁS SENCILLA
Si te cuesta decidir cómo alimentar a tu bebé, ¿por qué no empiezas por la lactancia materna? Es más fácil cambiar del pecho al biberón que al revés.

consejos para dormir

Si crees que un recién nacido no hace nada más que dormir, la dura realidad te hará abrir los ojos (probablemente, varias veces todas las noches). Los padres siempre andan faltos de sueño, pero no todos los bebés duermen por igual, y no lo hacen de un tirón.

* Para fomentar los buenos hábitos, trata de dejar a tu bebé en la cuna cuando tenga sueño, pero antes de que esté completamente dormido. No lo acunes siempre, debe aprender a dormirse solo.

* Tu hijo no necesita silencio absoluto. Es bueno que los bebés se acostumbren a dormirse en cualquier sitio. Solo debes evitar los ruidos fuertes y repentinos.

* Ayuda a tu bebé a relajarse todas las noches con una actividad agradable y que anuncie la hora de dormir (un baño seguido de una toma, por ejemplo). Luego, dale las buenas noches y ponlo en la cuna.

EL CHUPETE

El chupete no es tan malo como algunas personas dicen. A menos que el bebé lo lleve permanentemente en la boca, un chupete no le deformará los dientes ni le impedirá aprender a hablar. Las investigaciones parecen indicar que el hecho de dormir con chupete podría incluso reducir el riesgo de muerte súbita, pero hacen falta más estudios sobre el tema.

* Si tu bebé requiere atención por la noche, compórtate con discreción. La noche no es momento para jugar ni divertirse, sino para dormir.

* Es probable que dejar una lamparilla quitamiedos encendida no ayude a tu bebé a dormirse, pero a ti puede servirte para llegar hasta su cuna de noche sin caerte.

qué hacer cuando llora

Al principio, llorar es el único modo que un bebé tiene de comunicarse. Y resulta de lo más eficaz.

* Unos bebés lloran más que otros, y tendrás que ir descartando las posibles causas una a una. Cuando un bebé llora es porque tiene hambre, sed, calor o frío, porque está incómodo, asustado, aburrido o cansado, o tal vez solo esté haciendo de vientre. Lo que está claro es que no llora «porque así se le ensanchan los pulmones».

* El dolor provoca un llanto fuerte y persistente. También es posible que reconozcas cómo llora el bebé cuando tiene hambre. Pero el sonido del llanto no siempre te indicará cuál es el problema.

* Si atiendes a tu bebé, se calmará. Si lo ignoras, seguirá llorando. No se trata solo de obrar con sentido común; hay información científica al respecto.

* Trata de mantener la calma aunque tu bebé llore mucho. Los bebés tienen un sexto sentido para captar los estados de ánimo. Si la situación te supera, pídele a una amiga de confianza que cuide de tu hijo durante una hora o dos.

LOS CÓLICOS

* Los cólicos son una causa frecuente de llanto en los bebés de entre dos y trece semanas de edad. No se sabe a ciencia cierta cuál es la causa, pero empeoran a última hora de la tarde.
* Acostar al bebé boca abajo sobre tu brazo puede aliviarle el dolor.
* Si le das el pecho, prueba a eliminar los cítricos y/o los lácteos de tu dieta.
* Hay medicamentos que se venden sin receta que pueden resultar de ayuda. Pide consejo al farmacéutico o al personal sanitario de referencia.

juegos y juguetes educativos

La distancia a la que mejor ve un recién nacido es de entre 20 y 25 cm. Los peluches y objetos con rostro son los que más le llaman la atención.

* Colocar un espejo en la cuna es una buena forma de que se divierta, aunque tu bebé aún no sabe que a quien ve es a sí mismo.

* También le harán falta cosas más alejadas. Prueba con los móviles de formas sencillas y colores vivos. Es mejor que de él cuelguen objetos distintos a que todos sean idénticos.

* Hacia los tres meses, ya juega con sus manitas y alcanza mejor las cosas. Los juguetes de diferentes texturas y formas le ayudan a explorar el mundo que le rodea. Ofrécele sonajeros y objetos que hagan ruido, además de un centro de actividades.

* Lo mejor de todo es que se relacione contigo. Dedica tiempo a hablarle, cantarle canciones infantiles y jugar a esconderte y asomarte. Míralo a los ojos cuando le hables y llámalo por su nombre para que lo aprenda.

LA RELAJACIÓN

No tienes que estar constantemente estimulando a tu bebé. La actividad sin descanso puede resultar agotadora. Igual que los adultos, los bebés necesitan relajarse de vez en cuando. Prueba con un sencillo abrazo, y si quieres, además, puedes cantarle una nana. A propósito: a tu bebé le encantará oírte cantar, por muy mal que lo hagas.

de los seis
a los doce meses

En esta etapa tu bebé empieza realmente
a aprender palabras, además de otras cosas
interesantes como gatear y sostenerse en pie.
Las nuevas habilidades ampliarán de veras
sus horizontes.

desarrollo físico

medidas

A los doce meses, tu hijo pesa aproximadamente 9,7 kg, mide 74 cm y su perímetro craneal es de 46 cm. Pero cada bebé tiene características propias, y lo realmente importante no son tanto las cifras en sí como el ritmo de crecimiento.

en el suelo

Hacia los siete meses, tu bebé se sostiene boca abajo sobre los brazos y se da impulso hacia delante. Es probable que hacia los nueve meses ya gatee o avance a rastras.

postura y equilibrio

Sus músculos han adquirido más fuerza y pronto podrá mover el tronco sin caerse cuando esté sentado. Hacia los diez meses, ya puede ponerse de pie. A los once, se sostiene en pie con apoyo y puede que se pasee entre los muebles. Hacia el año, anda si le das las manos, e incluso y quizá dé sus primeros pasos en solitario.

las manos

Todas esas nuevas habilidades no le servirían
de nada si no fueran acompañadas de ciertas
aptitudes visomanuales. Hacia los siete meses,
es capaz de pasarse un juguete de una mano
a la otra. A los ocho, puede asir con el índice
y el pulgar. Pronto aprenderá a soltar los objetos
adrede. A los diez meses, deja caer las cosas
una y otra vez para que tú las recojas (un juego
que, seguramente, le divierte más que a ti).

desarrollo mental y emocional

aprendizaje

Los progresos físicos de tu bebé posibilitan nuevos descubrimientos. Aunque no sepa que se llama «gravedad», comprende cómo funciona más o menos. Por eso, hacia los nueve meses, busca los juguetes que ha dejado caer. Sabe que existen aunque no estén a la vista.

hitos emocionales

Hacia los seis o los siete meses, se interesa por los demás y por lo que hacen. También aprende la permanencia de las personas de su entorno, lo cual favorece los lazos afectivos contigo y con quienes se relaciona habitualmente.

lenguaje y habla

Tu bebé produce sonidos de dos sílabas alrededor de los siete meses. A los ocho, empieza realmente a aprender palabras. Hacia los nueve meses responde si lo llaman por su nombre. A los diez, te emocionará oírle decir su primera palabra, aunque esta sea «da-da» en vez de «ma-ma». Muchos bebés son capaces de utilizar hasta tres palabras con conocimiento cuando tienen aproximadamente un año.

sentido del humor

Tu bebé muestra perfectamente
su estado de ánimo, gracias a una
combinación de ruidos y gestos.
Hacia los nueve meses,
resulta obvio que tiene
sentido del humor y le
encanta que le hagan
cosquillas. Un poco
más adelante, se ríe a
carcajadas y durante un
rato de todo lo que le divierte.
Capta tus expresiones, así sabe
qué cosas te complacen, y
disfruta repitiendo todo lo que
te hace sonreír. Son días felices.

la introducción de nuevos alimentos

A los seis meses, si no antes, tu bebé necesita más nutrientes de los que la leche sola puede proporcionarle. Ya está preparado para degustar por primera vez pequeñas cantidades de alimentos sólidos.

* El arroz es una buena forma de empezar. Puedes mezclarlo con leche propia o de fórmula, o con agua hervida, tras dejarla enfriar. En lugar de meterle la cuchara en la boca a tu hijo, acércasela al labio inferior.

* Al cabo de un par de semanas, empieza a ofrecerle fruta y verdura triturada, y más adelante, ternera, pollo y pescado. Todo lo que el bebé pueda comer con las manos, como las tostadas y la fruta en rodajas, es apropiado, en especial entre los siete y los ocho meses, pero vigílalo siempre para que no se ahogue.

* No añadas nunca sal ni azúcar a la comida de tu bebé, pues su dieta debe ser fácil de digerir.

* Evita darle leche de vaca como bebida principal antes del año porque tiene muchas proteínas y poco hierro.

* Si a tu hijo no le gusta algún alimento, deja pasar unas cuantas semanas antes de volver a ofrecérselo.

* Comed alguna vez juntos. Aunque no tomes exactamente lo mismo que él, le servirá para aprender a comportarse correctamente.

EL ASEO Y EL BAÑO
Un buen momento para ofrecerle a tu bebé alimentos sólidos es el que te permita lavarle después. A medida que las comidas sean más sustanciosas, las deposiciones olerán peor y será imprescindible bañarle a diario.

una casa a prueba de niños

Cuando tu hijo va de un lado para otro, nada en casa se encuentra a salvo, ni siquiera él. Estará demasiado ocupado explorando el entorno para tener cuidado. ¡Vigílalo!

* No hay ninguna casa que ofrezca completa seguridad, pero se puede ser previsor. Guíate por el estadio de desarrollo en que se encuentra tu bebé y anticípate a sus siguientes movimientos.

* Cuando se sostiene en pie y empieza a andar, debes eliminar todos los manteles y tapetes que cuelguen, los muebles poco estables, las lámparas, los jarrones y otros objetos frágiles a su alcance. Ten cuidado con las plantas de interior si son tóxicas.

* Utiliza cantoneras para las esquinas puntiagudas. Coloca una película de seguridad en las superficies de cristal, o bien elimina las mesitas auxiliares de ese material. También puedes colocar protectores en los enchufes.

* Instala barreras de protección en la escalera, y utilízalas. Haz la cocina más segura colocando cierres en las puertas de los

armarios, evitando dejar cables colgados y situando los asideros calientes fuera de su alcance. Aun así, vigílalo constantemente. Si estás cocinando, es mejor que te observe desde la trona o desde otra habitación con una barrera en la puerta.

* La plancha es especialmente peligrosa, así que trata de utilizarla cuando el bebé duerma; o aún mejor: no planches nada.

* No dejes nunca a tu hijo en el baño sin vigilancia o con un hermano mayor. No te fíes de los asientos, anillos y demás trastos para la bañera. Lo que más garantías de seguridad ofrece es tu atenta mirada.

ropa y accesorios

ropa

* Elige prendas que no obstaculicen los movimientos de tu bebé.
  Las niñas también pueden llevar pantalones o petos. Si no,
  ponle medias o leotardos y vestidos lo bastante cortos como
  para no dificultar el gateo.

* Los trajes de dos piezas son prácticos porque puedes
  cambiarle solo la parte sucia (o deteriorada).

* Las rodillas se ensucian del roce con el suelo y las pecheras se
  manchan de comida. Los colores claros resultan desastrosos
  a menos que tengas previsto dedicarte a las tareas
  domésticas a tiempo completo.

* Acostumbra a tu bebé a llevar un sombrero de ala ancha
  cuando haga sol, así evitarás quemaduras y daños en la piel.

* Tu bebé no necesita zapatos mientras no ande bien.
  Entretanto, los calcetines y patucos con suela antideslizante
  le ayudarán a sostenerse en pie.

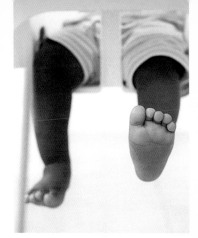

accesorios

* Hay tronas de muchos tipos. Elige una que quepa en la cocina y se adapte a tu estilo de vida. A tu bebé también le harán falta baberos (con recogemigas son muy prácticos) y cucharas de plástico. Si el bol es de los que se adhieren a la trona evitarás que salga disparado como si fuera un disco volador.

* Al bebé puede hacerle falta un reductor para la silla del coche, según su peso. Fija bien la silla y sujeta bien en ella a tu hijo.

* Los andadores parecen divertidos pero no ayudarán a tu bebé a aprender a andar y pueden dañarle las caderas. Además, son peligrosos porque hacen que avance demasiado rápido.

adquisición del lenguaje

* Busca tiempo para hablarle a tu bebé. Es mejor dedicarle toda la atención y mirarlo a los ojos que seguir con los quehaceres.

* Dale tiempo para que responda. Aunque solo lo haga con sonidos o gestos, ya conoce las reglas de la conversación.

* Cuando señala una cosa es el momento de hablarle de ella. Así ampliará sus conocimientos y su vocabulario.

* Hazle preguntas del tipo «¿Dónde está...?». Lo entenderá a partir de los nueve meses.

* No corrijas sus errores abiertamente. Es mejor repetir la palabra con la pronunciación correcta, formando una frase.

* Las canciones y las marionetas de dedo desarrollarán su sentido del ritmo y el habla.

tu bebé y los libros

* Leer en voz alta a tu bebé le ayudará a aprender a hablar y a captar conceptos nuevos, así que nunca es demasiado pronto para empezar.

* Los bebés devoran los libros. Ofrécele libros de tela para que pueda llevárselos a la boca. Debes apartar los más delicados de su alcance en cuanto hayáis terminado de mirarlos juntos.

* Algunos libros se convertirán en sus favoritos. Es perfectamente normal que tu bebé te pida que le leas el mismo libro una y otra vez.

prueba con clásicos como:

* *La pequeña oruga glotona* de Eric Carle
* *Elmer* y *Las sorpresas de Elmer* de David McKee
* Los libros de Beatrix Potter como, por ejemplo, *Perico el conejo cuenta…* o *Perico, ¿qué hora es?*.

el aprendizaje de las habilidades sociales

Ahora a tu bebé le interesan los demás,
y mejorará sus habilidades sociales.

* Estás de suerte: a partir de los seis meses es mucho menos
  probable que tu bebé se eche a llorar cuando tú debas
  abandonar la habitación. Es más
  independiente y con frecuencia se alejará
  gateando por voluntad propia, para explorar
  el entorno o jugar. De todos modos le gusta
  saber dónde estás; tú eres la base segura.

* Le divierte decir adiós con la mano. A partir
  de los diez u once meses, más o menos,
  tu bebé empezará a imitar tu conducta. Eso
  implica que debes comportarte del mejor
  modo posible.

* Unos bebés captan más que otros los
  sentimientos ajenos. Las niñas, por ejemplo, suelen ser
  bastante sensibles al estado de ánimo de los demás y
  pueden mostrar empatía, incluso antes de cumplir un año.
  Pero por mucha empatía que demuestre tu bebé, de

momento es poco probable que esté dispuesto a compartir las cosas, así que no lo presiones.

* Enseña a tu bebé a actuar por turnos. Las conversaciones funcionan así, y también la comunicación sin palabras, como cuando te tiende un juguete, por ejemplo. Con frecuencia esperará que tú se lo entregues de nuevo. Enséñale el significado de «por favor» y «gracias».

de los doce a los dieciocho meses

Tu hijo ha dejado de ser un bebé. Eso significa que tiene las pilas cargadas desde que sale el sol hasta que se pone, y puede que hasta bastante después. Esos deliciosos seis meses constituyen una época de gran actividad para ambos.

desarrollo físico

medidas

A los dieciocho meses tu hijo pesa aproximadamente 11 kg, mide 80 cm y tiene un perímetro craneal de 47 cm, pero estas cifras son solo orientativas.

primeros pasos

Por término medio, los niños empiezan a andar a los trece meses. Los primeros pasos suelen ser inseguros y tu hijo anda con los brazos en alto, doblados por los codos, para mantener el equilibrio. Sin embargo, una vez en marcha, no hay quien lo pare, aunque se caiga de vez en cuando.

CAMIMANTES TARDÍOS

Si a los dieciocho meses tu hijo todavía no anda, consúltalo con el médico. Aproximadamente un tres por ciento de los niños empieza a andar más tarde, y a veces la causa es hereditaria, pero merece la pena asegurarte.

la escalera

Es posible que el reto de la escalera le fascine.
Hacia los quince meses, suele ser capaz
de subir a gatas, y también de bajar de
la misma manera, poniendo primero los pies.
A los dieciocho meses, puede que suba y baje
como un adulto, aunque un poco vacilante.

manos libres

Ahora que controla más el equilibrio y la postura,
utiliza mucho más las manos. Hacia los quince
meses, es capaz de construir una torre con
dos bloques. Los pequeños objetos como los
botones y las cuentas de collar lo cautivan.
Existe incluso
cierto peligro
de que acabe
metiéndose
alguno en la nariz.

desarrollo mental y emocional

* Tu hijo es cada vez más independiente, así que te esperan tiempos muy interesantes (incluso a veces demasiados agitados).

* Desde los quince meses más o menos, está empeñado en comer con la cuchara él solito. Es mejor dejar que lo intente; aunque casi toda la comida acabe fuera de la boca, es la forma de que aprenda.

* Hacia los dieciocho meses, se vuelve más testarudo cada día. Se toma su tiempo para comer, se quita los calcetines e incluso pretende decidir qué ponerse.

* Tu hijo, además de independiente y decidido, es egocéntrico. Es normal a su edad, y todavía es pronto para esperar que tenga en cuenta el punto de vista de los demás. Aun así, puedes enseñarle a ser amable y considerado, y probablemente descubrirás que a veces lo es. Por ejemplo, habrá peluches a los que adore y trate mejor que a otros.

* Su memoria y concentración están ahora en pleno desarrollo. Puede jugar más rato solo y se acuerda de lo que hizo el día anterior. Hacia los dieciocho meses, empieza a comprender el concepto de tiempo. Las horas y los minutos aún no le dicen nada, pero está aprendiendo qué significa «antes» y «después», y esa frase que oye a todas horas: «Ahora no».

zapatos

* Al principio, el calzado de lona basta. Cuando tu hijo empiece a andar por fuera de casa, le harán falta zapatos de verdad.

* Es posible que los pies de tu hijo tengan una anchura normal, en tal caso no le harán falta zapatos de ancho especial, pero no lo sabrás hasta que un experto le tome la medida.

* Revisa la medida del calzado cada seis u ocho semanas. La parte buena es que solo necesita un par de zapatos cada vez. Lo que pase de ahí es todo un lujo.

* El calzado debe adaptarse a la forma de su pie, la puntera debe ser ancha, y el talón, más estrecho (en lugar de ser una copia a escala reducida de los zapatos de los adultos). Debe estar pensado para no salirse fácilmente. Aun así, es probable que de vez en cuando tu hijo se quite un zapato y lo esconda donde menos lo esperas.

juguetes

* A los niños les encantan los juguetes con ruedas y para
  empujar; cuanto más llamativos, mejor. Con un simple
  camión o carrito puede entretenerse mucho tiempo.
  Busca uno que sea resistente para evitar que se dé
  de narices contra el suelo.

* Los juguetes para arrastrar, como
  un animalito con una cuerda, resultan
  divertidos cuando sabe andar.

* Es el momento de los rompecabezas
  sencillos, aunque es posible que para
  empezar tu hijo necesite que le
  eches una mano discretamente.

ten en cuenta también:

* los cubiletes y otros juguetes para encajar
* los instrumentos musicales de juguete
* los coches de fricción sencillos
* las libretas y los lápices de colores
  pequeños y gruesos
* los juguetes para el baño, como barcos
  y patitos, y los juguetes a cuerda
* las pelotas resistentes pero blanditas.

adquisición del lenguaje

* Tu hijo tiene ahora una gran capacidad de respuesta, y receptividad. Dedícale gran atención y elogios y aprenderá un montón de palabras todos los días. Entre los catorce y los quince meses repite todo lo que oye. ¡Estás avisada!

* Tu hijo mantiene largas conversaciones contigo (y consigo mismo) gracias a una mezcla de palabras reales e inventadas. Muchos niños utilizan la misma palabra, o frase, para referirse a varias cosas distintas. Se trata de un estadio normal del desarrollo.

* No te preocupes si unos sonidos le resultan más fáciles que otros. Es probable que tú lo entiendas bastante mejor que otras personas.

* La construcción de oraciones suele iniciarse alrededor de los dieciocho meses, pero cada niño es distinto. Es posible que descubras que la frase favorita de tu hijo tiene una sola palabra: «¡No!». Eso también se le pasará.

tu hijo y los libros

* Convierte la lectura en una de las actividades que tú y tu hijo practicáis a diario. No debes leerle solo antes de acostarse. La lectura es un buen modo de relajarse.

* Tu hijo seguirá disfrutando con muchos de los libros que tiene, y aún le quedan montones por descubrir:

* *Buenas noches, luna* de Margaret Wise Brown y Clement Hurd
* *La araña hacendosa* de Eric Carle
* *El pez arcoiris y la gran ballena azul* y *¡El pez arcoiris al rescate!* de Marcus Pfister.

habituarse a la cotidianidad

* Tu hijo no tiene por qué estar siempre apacible, pero por suerte los niños de su edad adoran la cotidianidad. A muchos les resulta divertido saber de antemano que algo conocido, como el baño, va a tener lugar.

* Da un paseo todos los días, aunque haga mal tiempo. Puede que a ti te aburra ir a comprar al supermercado pero para tu hijo es un hecho extraordinario. Háblale de las cosas que veis y ampliarás sus conocimientos.

* Conseguir que tu hijo duerma es más difícil que antes, sobre todo cuando está demasiado cansado. Tener un hábito relajante antes de acostarse resulta de gran ayuda.

* Los niños pequeños suelen despertarse muy temprano, aunque las cortinas tupidas son útiles. Puedes dejar en la cuna unos cuantos juguetes seguros (y silenciosos) para que se entretenga al despertar.

la canguro

* A la hora de elegir quien te haga de canguro, déjate guiar por tu intuición. Lo ideal es que comparta tu punto de vista sobre la disciplina y el aprendizaje.

* No te sientas culpable por dejar a tu hijo con otra persona, eso también le beneficia. Para empezar, descubrirá que es posible divertirse sin que tú estés presente.

* Pide siempre referencias a aquellos para quienes haya trabajado con anterioridad.

* A tu hijo le hará falta tiempo hasta que, poco a poco, se acostumbre a estar con otra persona. Si es posible, empieza por dejarlo con ella pocas horas al día.

ATENCIÓN Y RESPETO

★ No presiones a la canguro para que cuide de tu hijo cuando esté enfermo. Un niño malito merece estar con mamá.

★ No te la juegues con la canguro: es quien cuida de lo que más quieres. El horario de trabajo y los pagos son sagrados.

actividad física

* Tu hijo está ahora muy activo y es un gran imitador del comportamiento de los adultos. Eso no significa que sea capaz de limpiar la casa ni de preparar la comida solo, pero le gusta participar. Es probable que disfrute jugando a cocinitas, e incluso cocinando de verdad (por ejemplo, cortando la masa con un molde) si tú le ayudas.

* Le atraen los juegos de fantasía. Es posible que una cama para su osito de peluche, hecha con una caja de zapatos, le encante.

* Los disfraces y los juegos de rol le resultan divertidos. Con una maleta vieja llena de ropa puede entretenerse durante horas enteras.

* Deja que juegue con arena y/o agua, siempre bajo vigilancia.

* Jugar a la pelota, ir al parque e incluso pisar charcos le ayuda a dar rienda suelta a su energía.

sano y salvo

* Cuando salgas de casa con tu hijo, usa un arnés o una correa; te resultará más fácil que intentar llevarlo de la mano.

* Si en casa tienes un patio con un estanque, cúbrelo con un enrejado o un entablado resistente, o bien llénalo de arena y úsalo como recinto de juegos.

SALTAR DE LA CUNA
Cuando no duermen, los niños suelen estar sentados o de pie en su cuna. Hacia los dieciocho meses, es posible que tu hijo intente saltar, así que ve haciéndote a la idea. Una buena idea es abatir las barandillas para que la distancia sea más corta, o aun mejor: cámbialo a una cama de adulto antes de que sufra un accidente.

de los dieciocho meses a los dos años

Los niños tienen fama de negarse a todo a medida que se acercan a «los temibles dos años», pero no te niegues tú a disfrutar de sus progresos. A esta edad son enormes, tanto en el plano social como en el intelectual, así que cuentas con muchas oportunidades para hacerlo.

desarrollo físico

medidas

A los dos años tu hijo pesa unos 12,2 kg. A título orientativo, mide 85 cm y tiene un perímetro craneal de 48 cm.

los pies y las rodillas

Tiene los pies planos y puede que los tuerza hacia adentro. También es posible que sea patizambo. Es normal, no hace falta que lo lleves corriendo al médico.

paso a paso

A pesar de todo, tu hijo anda cada vez mejor. A esas alturas, es raro que se caiga si el suelo es llano y es incluso capaz de transportar cosas. Sus pertenencias pueden aparecer en los lugares más insospechados.

correr, trepar y arrojar objetos

A los dieciocho meses, los pequeños trepan a todas partes.
Es probable que tu hijo ya sepa correr, aunque lo haga con
toda la planta del pie en el suelo. También es capaz de lanzar
la pelota, pero sin puntería; esa habilidad se adquiere más
tarde. De momento, harás bien
en elogiarlo cada vez que atrape
la pelota cuando tú se la tiras.

coordinación visomanual

A tu hijo le gusta manipular
pequeños objetos y es capaz de
pasar las páginas de un libro,
aunque con frecuencia sean
varias a la vez. Hacia los dos años,
se le da bien encajar cosas e
incluso puede construir una torre
de seis o más bloques, de altura.
Es probable que para entonces
ya sepas si es zurdo, pero a
veces eso no se hace patente
hasta los cuatro años.

desarrollo mental y emocional

* Junto con la independencia creciente aparece
  la testarudez. Ten en cuenta que es un paso
  imprescindible para que tu hijo se forme su
  propia identidad.

* Ahora juega más solo, y no siempre presta
  atención cuando le hablas. Los niños no son
  capaces de hacer varias cosas a la vez. Hasta
  los dos años, o más, solo podrá concentrarse
  en una acción.

* Sus habilidades visomanuales y su creatividad
  incipiente van a la par. Traza garabatos y es
  posible que intente dibujar cosas familiares. Con frecuencia
  utiliza los objetos cotidianos como elementos de su mundo
  fantástico, y eso puede durar años. Ya sabe muy bien para qué
  sirven la mayoría de las cosas y les busca nuevas utilidades.
  ¿Sabes qué hace con ese orinal que tanto te gustaría que
  usara? Lo ha convertido en un precioso sombrero.

* Tu hijo sigue mostrándose egocéntrico, y es normal, pero cada
  vez tiene más en cuenta a los demás. Ya es consciente de que

las otras personas piensan y sienten de manera distinta a la suya. Le fascinan los extraños, y tiene muy pocas manías a la hora de ponerse a hablar con ellos.

* Es un explorador intrépido que rebosa curiosidad.
  Ten paciencia, no lo hace para fastidiarte. Todo forma parte de su aprendizaje de la relación causa-efecto y demás principios científicos. En resumen, está experimentando para descubrir cómo funciona el mundo, y al mismo tiempo te pone a prueba a ti. Si le desbaratas los planes, es capaz de montar en cólera.

las rabietas

Las rabietas son inevitables cuando tu hijo
se acerca a los dos años, e incluso después.
Son arrebatos incontrolados que duran varios
minutos y que angustian mucho a los padres,
sobre todo cuando tienen lugar en público.

* La mayoría de los niños coge al menos uno o dos berrinches
  a la semana, así que más vale que te lo tomes como un rito
  iniciático.

* Puedes evitar algunas rabietas si te muestras firme con tu hijo,
  pero no impaciente ni poco razonable. Los enfrentamientos
  sobre, pongamos por caso, qué calcetines debe ponerse son
  vanos. Sé flexible con las cuestiones triviales y firme cuando el
  tema lo requiera.

* No es posible poner fin a una rabieta intentando razonar con tu
  hijo, ni tampoco gritándole o propinándole una bofetada.

* Aunque por dentro estés que ardes, trata de aparentar
  tranquilidad. Ignora por completo a tu hijo cuando berree,

dé puntapiés, patalee o incluso se arroje al suelo con gran dramatismo. En cuanto te hayas asegurado de que no le ocurre nada, sigue con lo que estabas haciendo como si tal cosa.

* De ser posible, da la espalda a tu diablillo o sal unos instantes de la habitación. Enseguida se dará cuenta de que no tiene público y dará por terminado el número.

CONCLUSIÓN PEDAGÓGICA
Tu hijo debe aprender que ponerse hecho una furia no sirve de nada. Si no pensabas permitirle que se comiera una galleta, tampoco se la des ahora. De las rabietas, lo único positivo que se aprende es que resultan completamente inútiles.

el control de esfínteres

No es posible enseñar a un niño a utilizar
el orinal mientras su cerebro y sus neuronas
no hayan madurado lo suficiente.

* Empieza cuando tu hijo demuestre ser consciente de que orina
o defeca, bien asiendo el pañal o bien poniéndose en cuclillas.
Otra opción es, durante el verano posterior a su segundo
cumpleaños, quitarle el pañal y la ropa de cintura para abajo
y situar cerca un orinal. Cuando dé muestras de necesitarlo,
recuérdale dónde está.

* Prueba a sentarlo en el orinal poco después de comer durante
un par de minutos, pero no lo fuerces. Por una parte tiene
ganas de ser mayor, pero por la otra está
su espíritu de contradicción.

* Los pañales braguita resultan útiles
cuando estáis fuera de casa porque
son absorbentes y desechables. Pero
algunos niños se acostumbran a usarlos
y luego rechazan la ropa interior.

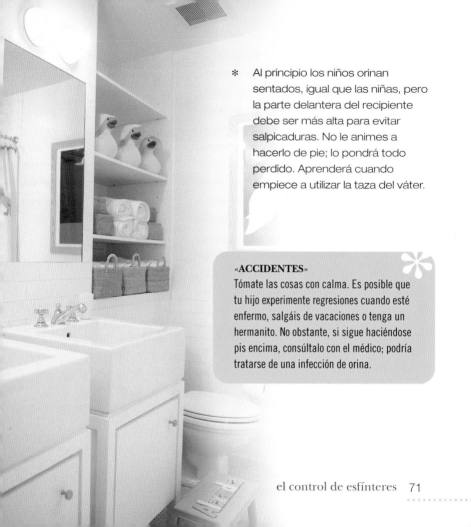

* Al principio los niños orinan sentados, igual que las niñas, pero la parte delantera del recipiente debe ser más alta para evitar salpicaduras. No le animes a hacerlo de pie; lo pondrá todo perdido. Aprenderá cuando empiece a utilizar la taza del váter.

«ACCIDENTES»

Tómate las cosas con calma. Es posible que tu hijo experimente regresiones cuando esté enfermo, salgáis de vacaciones o tenga un hermanito. No obstante, si sigue haciéndose pis encima, consúltalo con el médico; podría tratarse de una infección de orina.

juguetes

Los niños aprenden mediante el juego, así que lo que necesitan a esa edad son juguetes, no tecnología. En esa etapa tu hijo tiene tanta imaginación que hasta el objeto más simple puede convertirse en un juguete.

juego imaginativo

No hace falta que le compres el último artilugio. Es mejor que tu hijo utilice su propia imaginación en vez de la del fabricante de turno. A los niños pequeños les encanta jugar a las casitas, de modo que podrías probar con una cocinita o un servicio de café de juguete. También puedes improvisar una casa con una caja de cartón grande.

manualidades

Puede que sea necesaria tu colaboración, si hay que recortar y pegar con pegamento. A veces a tu hijo le gusta que dejes salir a la niña que llevas dentro; otras, sin embargo, prefiere jugar solo.

juegos con arcilla y arena

Tanto la arcilla como la plastilina son lo bastante suaves
para las pequeñas manos de tu hijo. Pronto
aprenderá a aplastar el material hasta convertirlo
en un disco y a enrollarlo en forma de cilindro,
y también, mucho más tarde tal vez,
creará figuras más originales.
La arena, aunque es distinta
de la plastilina, también tiene
muchas propiedades. Tu
hijo disfrutará vertiéndola
de un recipiente a
otro, y también
modelándola
si está
mojada.

TODO EN ORDEN

Los niños no necesitan todos los juguetes
a la vez. Hay estudios que demuestran que cuantos
más juguetes se ofrecen al mismo tiempo a un niño,
menos juega. Si conviertes el guardarlos en una
actividad divertida, tu hijo pronto adquirirá el
sentido del orden.

adquisición del lenguaje

* A los dieciocho meses, tu hijo es capaz de pronunciar unas cuarenta palabras y de comprender unas doscientas.

* Hacia los dos años, utiliza los pronombres, y a veces con acierto. Añade una «s» a las palabras en singular para formar el plural. Sabe cómo se construyen las oraciones y conoce las bases de la gramática.

* Comprende el significado de ciertos adverbios, como «detrás», «encima» y «debajo», y puede utilizar algunos conceptos abstractos.

* La estimulación es la clave para que cualquier niño adquiera el lenguaje. Sin embargo, es probable que a tu hijo le haga más falta si es un varón, tiene un hermano gemelo, forma parte de una familia numerosa, fue prematuro o pesó poco al nacer.

tu hijo y los libros

A tu hijo ya le gustan los libros con ilustraciones más detalladas y las historias con argumentos más complejos. Todos los libros pueden resultar divertidos, pero algunos añaden un valor educativo.

prueba con:

* *Hora de dormir* de Tony Ross (y los otros libros de La Pequeña Princesa)
* Serie Barrio Sésamo: *Los colores*, *Los números*, *Las palabras* y *Las formas*
* *El libro de las cosquillas* de Ian Whybrow y Axel Scheffler
* *Annie Rose* de Shirley Hughes
* *Adivina cuánto te quiero* de Sam McBratney y Anita Jeram
* Serie Lila de Dr. Eduard Estivill y Montse Domènech: *Lila aprende a comer*, *Lila tiene un hermanito*, etc.

Disfruta de la lectura tú también. Los niños que viven en casas con muchos libros suelen ser amantes de la lectura.

los paseos

* Las salidas diarias son recomendables para la salud y el desarrollo de tu hijo (y también para tu tranquilidad). Sin embargo, a veces no es fácil encontrar el equilibrio entre darle rienda suelta para que explore el terreno y velar por su seguridad.

* Elige zonas de juego con un pavimento blando que amortigüe sus frecuentes caídas.

* No tienes por qué explicarle los riesgos que conllevan los condones y las jeringuillas usadas. Limítate a decirle que no toque nada de lo que encuentre en el suelo.

* Aprovecha el hecho de que tu hijo solo pueda concentrarse en una acción cada vez. Evita decirle que no, distrayéndolo con otra cosa.

* Vigílalo. Si se aleja demasiado, resulta más efectivo atraer su atención con un juguete o una golosina que correr tras él.

la guardería

* Muchos niños pasan algunas horas en la guardería. Para tu tranquilidad, organiza las cosas lo más a tu gusto posible.

* Comprueba que las instalaciones están limpias y que los niños parecen satisfechos. También merece la pena preguntar a otros padres si están contentos con el servicio.

algunas preguntas

* ¿Cuántos cuidadores hay por niño? ¿Se asigna el cuidado de un niño a un profesional en particular?
* ¿Hay mucha rotación de personal?
* ¿Qué rutina diaria siguen los niños?
* ¿Dispone de patio el centro? Si no, ¿qué salidas se organizan?
* ¿Cuánto tiempo han estado otros niños en la guardería? Si solo se han quedado unos meses, es posible que algo falle.

de los dos
a los tres años

Tu hijo todavía es pequeño, pero va adquiriendo madurez y su coordinación mejora. Hacia su tercer cumpleaños está preparado para enfrentarse al mundo (con un poco de ayuda por tu parte, claro está).

desarrollo físico

medidas

A los tres años un niño pesa, por término medio, unos 15 kg
y mide unos 93 cm.

habilidades visomanuales

A los dos años y medio es
probable que tu hijo sepa construir
una torre con ocho bloques.
A medida que se acerca a los
tres años pasa mucho tiempo
dibujando y sujeta el lápiz igual que
un adulto. Es capaz de destapar
recipientes de varios tipos y de
abrir puertas, lo cual plantea
nuevas necesidades en cuanto
a la seguridad. A los tres años
puede abrochar botones con sus
pequeños dedos, pero no atar
cordones. La práctica hace al
maestro, así que deja que se
vista y se desvista solo.

piernas y brazos

A los tres años se sostiene sobre un solo pie y corre bien. Es capaz de chutar la pelota con mayor acierto. Disfruta montando en juguetes con ruedas y sabe accionar los pedales del triciclo.

ACTIVIDADES PARA DAR RIENDA SUELTA AL MOVIMIENTO

* Pídele que te ayude con alguna tarea doméstica, como poner los cubiertos en la mesa. Mejora su coordinación y hace que se sienta mayor.
* Ponle música. No te hará falta insistir para que empiece a moverse siguiendo el ritmo.
* Llévalo a la piscina. Chapotear es divertido y sano.
* Id de compras o al parque caminando. De todos modos, es mejor que lleves también la sillita; con un niño cansado y quejumbroso, la vuelta puede ser eterna.

desarrollo mental y emocional

concentración

Aunque tu hijo es muy activo, debe poder ser constante en el juego y concentrarse en las cosas que le interesan.

memoria y tiempo

Tu hijo ya ha adquirido el sentido del tiempo. Recuerda bien las cosas y le gusta contarlas. Es posible que explique cosas de hace una semana, o un mes (incluido lo mucho que te relaja un vaso de vino).

comprensión y conciencia de sí mismo

A los dos años, tu hijo es consciente de su sexo; muy pronto lo fascinarán sus genitales. A los tres años, sabe cuál es su edad, conoce muchos colores y es capaz de contar hasta cinco. También puede seguir tus conversaciones con otras personas.

aprendizaje

¡Le interesa todo! Desde los dos años y medio aproximadamente, empieza a preguntar sistemáticamente «¿por qué?». Respóndele si puedes. «Porque sí» no es la respuesta más adecuada. Si no sabes una cosa, enséñale cómo la averiguas, ya sea consultando un libro o buscando en internet.

**QUÉ HACER ANTE LOS MIEDOS
Y LAS FOBIAS**

Algunos niños tienen miedo a la oscuridad, o a
los perros. Si tu hijo sufre un miedo o una fobia
de ese tipo, intenta no burlarte de él. Ten paciencia,
tranquilízalo con delicadeza y se le pasará.
En algunos casos, puedes atenuar la ansiedad;
por ejemplo, dejando una lamparilla encendida.

aprender a leer

* Los niños cambian y tu hijo aún puede llegar a convertirse en un ávido lector, incluso aunque no empiece a una edad temprana. Hagas lo que hagas, ve a su ritmo.

* Mejorará su capacidad de observación casando objetos; una opción son los juegos de parejas.

* Decora la puerta de su dormitorio con su nombre. Juntos, podéis colocar etiquetas a objetos cotidianos como una silla, su cama o una lámpara. También podéis leer las palabras de los carteles o de las etiquetas de los alimentos.

* Con las letras magnéticas o de madera y los puzzles alfabéticos puedes ayudar a tu hijo a conocer las letras minúsculas.

tu hijo y los libros

Lee en voz alta a tu hijo, y deja que él pase las páginas. También puedes subrayar las palabras con el dedo mientras las lees. Una buena práctica para el desarrollo de la lectura es hacer una pausa durante uno de sus libros favoritos y preguntarle qué sucede a continuación.

prueba si le gustan

* *El grúfalo* de Julia Donaldson y Axel Scheffler
* *Donde viven los monstruos* de Maurice Sendak
* *Cuentos para los más pequeños* de Sally Grindley
* *El muñeco de nieve (y otros libros)* de Raymond Briggs
* *Los libros de Bob el Constructor,* de varios autores.

reconocer problemas con el lenguaje

No existen métodos infalibles para reconocer los problemas con el lenguaje a edades tempranas, pero a continuación encontrarás unas cuantas pistas útiles.

* Observa si tu hijo presenta un retraso superior a un año en el dominio de ciertos sonidos. Por ejemplo, un niño de dos años y medio suele ser capaz de pronunciar claramente «d», «g», «k», «ŋ» y «t».

* Utiliza casi exclusivamente sonidos vocálicos.

* No comprende peticiones sencillas a los dieciocho meses.

* No es capaz de señalar un objeto cotidiano, como una mesa, a los dieciocho meses si le preguntas dónde está.

* Muestra poco interés en comunicarse alrededor de los dieciocho meses.
* Se limita a repetir lo que oye a los dos años.

*   Habla de forma ininteligible a los dos años y medio.

*   Tiene una pronunciación nasal, monótona
       o, simplemente, demasiado alta
       (y no solo cuando está excitado).

QUÉ HACER

Si crees que existe la posibilidad
de que tu hijo sufra alguna patología
del lenguaje, consulta en primer lugar
al pediatra de cabecera. Los niños
aprenden hablar imitando a los demás,
así que en esos casos suele practicarse
una audiometría. En función del
resultado, es posible que tu hijo deba
acudir al logopeda.

siempre a salvo

Los niños son curiosos por naturaleza y no tienen sentido alguno del peligro. Algunos incluso quieren saltar por la ventana, como los personajes de dibujos animados.

* Todo es potencialmente peligroso, hasta una pieza del Lego si al caer tu hijo se golpea con ella la cara. Esa es una de las razones por las que deben guardarse los juguetes en cuanto el niño ha terminado de jugar con ellos.

* Enseña a tu hijo las normas básicas de seguridad vial. Es necesario llevarlo de la mano siempre que crucéis una calle. Explícale por qué y con el tiempo la lección se le quedará grabada. Tú también debes dar ejemplo: no cruces corriendo con el semáforo en rojo.

* A esa edad los niños se entretienen bastante solos, y también son muy parlanchines. Un silencio repentino e inexplicable augura lo que muchas madres describen como una situación de peligro, y con razón. Puede que tu hijo haya salido de casa a hurtadillas o esté donde no debería.

EL MIEDO A LOS DESCONOCIDOS

* Explícale a tu hijo que las personas mayores no siempre albergan buenas intenciones. Por eso no debe aceptar nada que provenga de un extraño ni hablar con desconocidos a menos que tú estés presente. Si un extraño le alcanza un juguete que se le había caído, no debe acercársele más de lo estrictamente necesario.
* Tu propósito es el de educar a tu hijo y evitar que le ocurra algo malo sin atemorizarlo.

actividad física

* La actividad física ayuda a que tu hijo desarrolle la fuerza muscular y la coordinación, y también sirve para que adopte hábitos saludables para el futuro.

* La actividad quema el exceso de energía, así que, como contrapartida, toda la familia dormirá mejor por las noches.

* Da ejemplo y ponte en forma tú también (si es posible, sin mencionar que lo haces para perder peso).

actividades con las que tu hijo disfrutará

* Jugar en una habitación llena de pelotas de plástico.
* Acudir a clases de gimnasia o danza para niños.
* Ayudarte en el jardín (por ejemplo, recogiendo las hojas secas).
* Nadar.

juguetes

* Ahora a tu hijo le encantan los juguetes con ruedas de mayor tamaño, las tiendas de campaña y las casas de muñecas; en definitiva, todos los juegos que estimulen su fantasía.

* Disfrutará con la plastilina, las pinturas y los lápices de colores. Para aprovechar el aire libre instala un caballete en la terraza o el jardín.

* Los juegos de rol en general avivan su imaginación. Para disfrazarse, con cuatro accesorios decentes basta; el resto pueden ser prendas viejas.

* Los juegos de construcción son estupendos para ambos sexos.

TELEVISIÓN
La televisión no es ningún juguete. Ni siquiera los programas infantiles son interactivos, por lo que su valor educativo resulta limitado. Como madre que eres, debes restringir el tiempo que tu hijo pasa delante del televisor; lo ideal es que veáis juntos los programas. Y resiste la tentación de instalar uno en su dormitorio.

empieza la guardería

No todos los niños están preparados para empezar la guardería a la misma edad, pero las chicas suelen estarlo antes que los chicos.

∗ Sabrás cuándo tu hijo está preparado para pasar tiempo lejos de ti y relacionarse con otros adultos y niños.

∗ Si no estás seguro de que tu hijo esté preparado, pide que te dejen llevarlo unos cuantos días de prueba para ver cómo se comporta.

∗ Cuando empiece, asegúrate de que lleva en la bolsa ropa de recambio, por si acaso; y, si son inseparables, también su peluche favorito.

∗ En muchas guarderías permiten que uno de los padres asista durante todo el primer día como mínimo. No obstante, no desaparezcas sin despedirte de él y asegúrate de que sepa que volverás a buscarlo.

COSAS A TENER EN CUENTA AL ELEGIR UNA GUARDERÍA

* ¿Qué actividades se practican? ¿Hay una evolución a medida que el niño crece?
* ¿Se educa igual a los niños y a las niñas?
* ¿Se da opción a los niños para que elijan qué actividad practicar?
* ¿Cómo actúan ante el mal comportamiento?
* ¿Se organizan salidas?
* ¿Se acepta la colaboración de los padres?

Además de plantear preguntas, confía en tu sexto sentido.

nuevos amigos

Es poco probable que tu hijo haga verdaderos amigos fuera del núcleo familiar antes de los tres años, pero sí le interesan los demás niños, así que saca partido de su sociabilidad.

* Es posible que la mayoría de los niños con los que tu hijo trata por primera vez sean los hijos de tus amigos, por lo que es especialmente conveniente que se porte bien. Por desgracia, a los niños pequeños no les gusta compartir. Facilítale las cosas dándole algo que le permita mostrarse generoso, como galletas o fruta.

* Antes de que llegue el día de la cita, convén con él qué juguetes prestará a los otros niños. Guarda los que de ninguna manera está dispuesto a compartir, como su peluche favorito.

* Cuando tu hijo esté de humor para jugar por turnos, aprovecha la circunstancia y propón actividades sencillas, como los juegos de parejas o los de pelota al aire libre.

* Vigila a los niños. Los chicos suelen ser especialmente brutos; son capaces de improvisar un arma con cualquier cosa que tengan a mano. Si las cosas se ponen feas, distráelos con comida o bebida. Es posible que tengas que actuar de árbitro. Si la jornada toca a su fin sin que saques ninguna tarjeta roja es que ha ido bien.

* No quieras abarcar demasiado al planear una salida con tu hijo y sus amiguitos. Los niños acaban cansándose y poniéndose de mal humor, y los mayores también.

cuestiones de salud

Todos los padres quieren que sus hijos estén lo más sanos posible. Si bien es cierto que la suerte es un factor, hay muchas cosas que puedes hacer para que tu hijo se encuentre bien y, así, viva la vida a tope.

proteger la salud de tu hijo

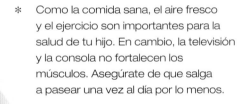

* Los trastornos de poca importancia son frecuentes entre los
  bebés . Los mocos y ellos son inseparables. Protege a tu hijo,
  pero no en exceso. A los niños les va bien ensuciarse; incluso
  podría disminuir el riesgo de que padezcan alergias.

  * Como la comida sana, el aire fresco
    y el ejercicio son importantes para la
    salud de tu hijo. En cambio, la televisión
    y la consola no fortalecen los
    músculos. Asegúrate de que salga
    a pasear una vez al día por lo menos.

  * El sueño ayuda a los niños a cargar
    las pilas, incluso aumenta las defensas
    y favorece el crecimiento. Es difícil
    aconsejar cuántas horas necesita
    dormir un niño en cada edad, y aún
    más conseguir que duerma cuando tú
    quieres. No obstante, establecer unos
    hábitos contribuirá a que tu hijo siga un
    horario más o menos regular y duerma
    así las horas que necesita.

alimentación sana

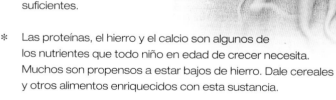

* La alimentación sana ahora sienta
  las bases para los buenos hábitos
  alimentarios de tu hijo en el futuro.

* No conseguirás forzar a un mal
  comedor. En vez de eso,
  sirve en cada comida un
  menú variado y saludable
  que incluya al menos un
  plato que sabes que le
  gusta. Las ampollas de
  vitaminas no son
  suficientes.

* Las proteínas, el hierro y el calcio son algunos de
  los nutrientes que todo niño en edad de crecer necesita.
  Muchos son propensos a estar bajos de hierro. Dale cereales
  y otros alimentos enriquecidos con esta sustancia.

* Los ácidos grasos esenciales (omega-3 y omega-6)
  son cruciales para el desarrollo del cerebro y de la vista.
  Se encuentran en el pescado azul, los vegetales de hoja verde
  y la soja.

dentición

* Los primeros dientes de un bebé suelen aparecer a los seis meses. Si tu hijo se muestra inquieto, prueba a administrarle algún gel y/o una dosis de paracetamol líquido.

* Es probable que durante la dentición tu hijo secrete mucha saliva, y que se lleve a la boca todo lo que tenga al alcance. Ofrécele un mordedor tras ponerlo a enfriar en la nevera.

los dientes aparecen tal como se indica:

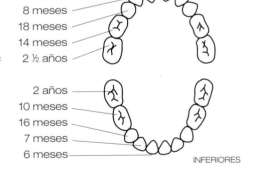

		SUPERIORES
Incisivos centrales superiores	6 ½ meses	
Incisivos laterales superiores	8 meses	
Caninos superiores	18 meses	
Primeros molares superiores	14 meses	
Segundos molares superiores	2 ½ años	

Segundos molares inferiores	2 años	
Primeros molares inferiores	10 meses	
Caninos inferiores	16 meses	
Incisivos laterales inferiores	7 meses	
Incisivos centrales inferiores	6 meses	INFERIORES

cuidado dental

* Para cuidar los dientes de tu hijo, evita los alimentos y bebidas dulces, incluso los zumos de frutas si no se los ofreces junto con la comida (al comer, el flujo salivar es mayor y neutraliza los ácidos).

* En cuanto empiecen a salirle, limpia los dientes de tu hijo dos veces al día con un cepillo suave. No dejes de vigilarlo nunca, aunque ya sepa cepillarse solo.

* Cuanto antes empiece a ir al dentista, mejor. Debe acudir sin falta a partir de los dos años; las visitas anteriores son meramente educativas, puesto que no debería tener ningún problema. Sin embargo, sirven para que se acostumbre al sillón y a que el dentista le examine la boca.

exámenes médicos y vacunas

Las visitas regulares al médico garantizarán que la salud y el desarrollo de tu hijo están en orden. El primer examen del bebé tiene lugar antes de salir del hospital. Los siguientes son:

* a los doce días, aproximadamente, cuando acudís al pediatra por primera vez.
* a las seis u ocho semanas.
* a los ocho meses.
* poco antes de los dos años.
* justo después de los tres años.

Esas visitas son importantes, pero también lo es que sepas que no sirven para identificar todos los problemas posibles. Si tu hijo te preocupa, consulta al personal sanitario de referencia.

CONTRAINDICACIONES
Pospón una vacuna si tu hijo tiene fiebre. Consulta al médico si tu hijo ha sufrido en algún momento convulsiones, tiene una fuerte alergia al huevo o ha presentado alguna reacción grave a una vacuna anterior.

El protocolo inmunológico comprende vacunas contra distintas enfermedades infecciosas, desde muy molestas hasta mortales.

dos meses	✳ una vacuna contra la difteria, el tétanos, la tos ferina, la polio y el Hib, y otra contra el neumococo
tres meses	✳ una vacuna contra la difteria, el tétanos, la tos ferina, la polio y el Hib, y otra contra la meningitis C.
cuatro meses	✳ una vacuna contra la difteria, el tétanos, la tos ferina, la polio y el Hib, otra contra la meningitis C y otra contra el neumococo
doce meses	✳ una vacuna contra el Hib y la meningitis C
trece meses	✳ una vacuna contra el sarampión, la rubeola y la parotiditis, y otra contra el neumococo

Se están desarrollando nuevas vacunas contra otras enfermedades, tales como la hepatitis B. Las vacunas de hoy en día son muy puras. La reacción inmunológica que provocan a tu hijo entre todas juntas es menor que la que una sola le habría provocado antiguamente.

primeros auxilios

En todas las casas (y en todos los coches) debería haber un botiquín de primeros auxilios con productos en buen estado. Puedes comprar uno o bien prepararlo tú misma. El contenido debe ser el siguiente:

* tiritas de varias clases, incluidas las que los niños encuentran atractivas
* compresas esterilizadas, incluidas algunas antiadherentes
* esparadrapo para sujetar las compresas
* vendajes triangulares para fabricar cabestrillos, e imperdibles para sujetarlos
* tijeras para cortar las compresas, o para quitar la ropa con urgencia tras una quemadura
* pinzas para extraer astillas
* pomada o toallitas antisépticas.

También puedes incluir:

* compresas esterilizadas de algodón hidrófilo o gasa
* unos guantes desechables
* un termómetro digital, de los que se colocan detrás de la oreja o bien de los más sencillos que se colocan bajo la axila o, para los adultos, en la boca.

En teoría el botiquín no debe contener medicamentos, pero es conveniente tener a mano lo siguiente:

* paracetamol líquido
* loción de calamina
* jarabe antihistamínico.

Ten siempre a mano una lista con los teléfonos de emergencia; puedes guardarla dentro del propio botiquín o colgarla en la cocina, por ejemplo. Incluye:

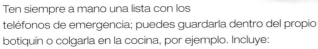

* el del pediatra de cabecera
* el del servicio de urgencias del hospital y/o ambulatorio
* el del servicio de asistencia sanitaria de la Seguridad Social
* el de una compañía de taxis
* el de un vecino que pueda colaborar en caso de emergencia (si el enfermo es el niño, tú irás con él, pero necesitarás que alguien lo cuide si eres tú quien precisa de asistencia).

señales de emergencia

síntomas graves

Acude al servicio de urgencias más cercano o llama a una ambulancia si tu hijo:

* tiene convulsiones
* sufre una quemadura grave
* se golpea la cabeza y pierde el conocimiento
* respira con dificultad o incluso tiene problemas para hablar
* tiene fiebre alta (38 °C o más) y no consigues bajársela
* no responde a los estímulos o no se despierta
* se queja de dolor de cabeza, en especial si también rehuye la luz intensa o muestra una erupción que no desaparece cuando la presionas con un vaso de cristal (podría tratarse de meningitis).

¿bebé o niño?

Las señales de emergencia varían ligeramente si quien las presenta es un bebé o un niño pequeño. Los niños suelen ser capaces de explicar qué les duele. Los bebés, en cambio, lloran o gritan, a veces muy fuerte. También puede ser que:

* permanezcan extrañamente quietos y callados
* tengan las manos y los pies fríos.

la tripita

Pide rápidamente asistencia médica si a tu hijo le duele la tripa;
sobre todo si:

* chilla de dolor
* además tiene fiebre.
* en sus heces aparece sangre
* en sus heces aparece algo parecido a mermelada de grosella.

¿mejor ahora?

Hay situaciones que requieren asistencia médica urgente aunque
tu hijo parezca haberse repuesto:

* haber sufrido una intoxicación accidental
* haber estado a punto de ahogarse
* haber recibido una descarga eléctrica.

direcciones de interés

Instituciones, fundaciones y asociaciones

Seguridad Social
www.seg-social.es

Ministerio de Trabajo Y Asuntos Sociales
www.mtas.es

Federación Española de Familias Numerosas
www.familiasnumerosas.org
Página web de la Federación Española de Familias Numerosas (FEFN) que agrupa a más de 40 asociaciones repartidas por toda España con el fin de conseguir un mayor reconocimiento social y protección para estas familias.

Fundación +familia
www.masfamilia.org
Fundación independiente y sin ánimo de lucro para la protección y apoyo de la familia.

UNICEF
www.unicef.es
Para conocer a fondo el trabajo de UNICEF en España y en el mundo, y el modo de colaborar con esta organización.

Salud

Instituto de la Mujer
www.migualdad.es/mujer
Información y asesoramiento sobre los derechos de las mujeres en distintos ámbitos.
Teléfono de información gratuito 24 h: 900 191 010

Observatorio de Salud y Mujer
www.obsym.org
Información de calidad en temas de salud para las mujeres. En su página web facilita la consulta de más 2.000 documentos y recursos web, el acceso a investigaciones relacionadas con la salud de la mujer, a encuestas e información adicional.

Asociación Española de Pediatría
www.aeped.es
Ofrece, entre otros, una guía con recomendaciones sobre la lactancia materna, información sobre nutrición, vacunas recomendadas así como sobre la muerte súbita del lactante.

Liga de la Leche
www.laligadelaleche.es
La Liga de la Leche es una

organización internacional no gubernamental sin ánimo de lucro, que ofrece información y apoyo a las madres que desean amamantar a sus hijos.

Asociación Española de Masaje Infantil
www.masajeinfantilaemi.org
La Asociación Española de Masaje Infantil (AEMI) es una organización sin ánimo de lucro que se dedica a promover los beneficios del masaje infantil.

Más páginas web
www.fedalma.org (Federación Española de Asociaciones pro Lactancia Materna)
www.aeped.es/lactanciamaterna (Comité de lactancia materna de la Asociación Española de Pediatría)
www.albalactanciamaterna.info (información y apoyo para la lactancia materna)
www.groupbstrepinternational.org/es panol/index_e.html (página en español sobre la prevención de infecciones por estreptococo del grupo B)

índice alfabético

índice alfabético   111

créditos de las fotografías